Chi Va

(Geh)Zeit!en

Poeme

Bibliografische Information der Deutschen Nationalbibliothek:
Die Deutsche Nationalbibliothek verzeichnet diese Publikation in der
Deutschen Nationalbibliografie; detaillierte bibliografische Daten sind
im Internet über http://dnb.dnb.de abrufbar.

© 2022 Chi Va

Herstellung und Verlag: BoD – Books on Demand, Norderstedt

ISBN: 978-3-7562-0916-3

Inhalt

Kindheit

(1989 – 1993)

BLUME DER NACHT

Oh, Blume der Nacht, verwelke nicht,

es ist nicht grausam dieses Tageslicht.

Warum lässt du diese Blüten fallen,

lässt du die Melodie nicht wallen?

So zart und rein dein Blütenstaub,

so stolz und arrogant dein Haupt.

Doch so stolz du auch bist,

ist ja noch die Liebe, die du stets vermisst.

Oh Blume der Nacht,

warum weinst du stets nur mit Bedacht.

Hast du nicht einst aus Freude gelacht?

Nun bist du ein Wrack und trauerst um das Leben,

denn stets musstest du alles geben.

Lass ihn nicht laufen deinen stetigen Schmerz, es

wird ein neues kommen –

ein tieferes, reineres Herz.

TRÄNEN...

Wenn wir weinen, Tränen verlieren
unsere Emotionen zeigen, vor Sehnsucht erfrieren.

Wollen wir dann nicht, dass uns jemand weinen
sieht und uns ganz fest an sich zieht.

Uns jemand tröstet vor Kummer und Schmerz
bei jemand, wo man kann ausschütten sein Herz.

Tränen zeigen Gefühle die man nicht verbergen
kann, sie ziehen uns in einem hypnotischen Bann.

LABYRINTH

Warum träumen wir von Sternen,

die wir doch nicht sehen.

Warum träumen wir von Feuerrädern,

die sich doch nicht drehen.

War das schon alles was wir leben,

kann es kein Zurück mehr geben?

Willst du nur den Gesetzen trotzen,

dich mit fremden Federn strotzen?

Wohin willst du später gehen,

wenn dich alle fremd ansehen?

Wohin führst du deinen gelehrten Geist,

der sich ohnehin nach dem Tod aus deinem Körper

losreißt?

Das Gift was in deinen Adern fließt und sich in

deiner Seele ergießt, macht dich blind, stumm,

taub, und du bist tot wie im Herbst das Laub.

Findest dich wieder im Labyrinth des Lebens

Und suchst den Ausgang – doch vergebens.

MELODIE

Süße Melodie des Lebens,

wie bist du so zart so fein,

mögest du für immer mein auf ewig sein.

Dieses Zartgefühl des Seins, erlebe es,

dein stolzes Haupt so fröhlich, erhebe es.

Die Luft ist rein, voll Melodie,

lass sie für immer sein, diese Harmonie.

Erwache, du stetiges Glück,

mach sie nicht größer, diese Trauerslück.

Heb und senk die Brust,

stimm an, das Lied der Lebenslust.

Takt für Takt und Wort für Wort,

tanzt du wie die Frau des jungen Lord.

Ach, du bist für immer mein,

lass nicht sein diese ewige Pein.

SPIEL DER LEIDENSCHAFT

Die Nacht für uns ist lang und heiß,

das Bett ist aus purem Seidenweiß.

Liebster teile mit mir die Leidenschaft, unsere

Liebe besteht aus einer einzigen Kraft.

Lass diese Nacht nie zu Ende gehen, es sind die

Sinne die im Winde wehen.

Das Abendlicht spiegelt unsere Körper wieder und

wir legen uns im Traum von Wolken nieder.

Was wird danach denn kommen, wenn wir uns im

Tageslichte sonnen.

Werden unsere Namen noch von Bedeutung sein,

spiegelt die Leidenschaft im matten Schein?

Oh Nacht, warum musstest du denn enden, kannst

du es nicht dem guten zuwenden?

Hoffnung gibt es wohl nicht mehr, wir setzen uns

unseren Gefühlen zur Wehr.

GEH VORÜBER

Geh vorüber, geh an mir vorbei,

schau mich nicht an mit diesem treuen Blick, ich

weiß genau er ist gefälscht.

Ich will nie wieder mit dir reden, deine Worte sind

Gift für mich, Gift für meine Seele.

Geh vorüber, geh an mir vorbei, nie wieder

möchte ich dich lächeln sehen, denn ich weiß es

ist gefälscht. Will nie wieder auf Hoffnung warten,

denn sie ist umsonst.

Berühre mich nicht, fass mich nicht an, denn nie

wieder möchte ich dich küssen, nie wieder diese

Sehnsucht spüren.

Denn alles an dir ist nicht mehr das,

was es einmal war.

Aggressive Worte, bitteres Lächeln,

keine Hoffnung, keine Berührungen

und Distanz, das es mich schon schmerzt.

Doch warum denke ich dann immer noch

jede Minute an dich und kann diese einst so

wunderschöne Stunden nicht vergessen?

RENN UM DIE VERGANGENHEIT

Das Gedächtnis ist ausgelöscht.

Die Erinnerung zählt die Stunden,

das einzige was dir noch bleibt,

ist die Zukunft.

Doch du hast Angst davor.

Dein Karma schützt dich nicht mehr

und deine Seele lügt dich an.

Hast du geglaubt Freunde vertrauen dir?

Bist du nicht schon naiv genug?

Du gehst den Tunnel des Lebens

und findest dich in einem Labyrinth wieder.

Du stehst da und schaust dich um,

doch was du siehst darfst du nicht sehen.

Nebel streicht deine nackten Füße

und dein Kopf fängt an zu schmerzen.

Und dir wird klar, dass du dich nur in der

Vergangenheit befinden kannst.

Und dann rennst du weg.

Egal wohin, du willst nur weg.

Aber du wirst nie ankommen...

Bis jetzt rennst du um die Vergangenheit,

doch sie holt dich jedes Mal wieder ein.

VERSCHWUNDENE GRÄBER

Wir verstehen die Welt nicht mehr,

stehen auf verschwundene Gräber.

Wie einsam müssen de Skelette sein,

mit ihren Käfern und Würmern.

Schimmel wuchert auf kantigem Holz,

Splitter durchstechen die Knochen.

Wir laufen auf zertrampelte Pfade,

sehen die Spuren nicht mehr.

Dunkle Wolken zermalmen das Hirn,

vergessen sind die Stunden von früher.

Doch was die Hölle aus uns macht,

das sehen wir Tag für Tag.

Wir zertrampeln die Gräber von unseren Eltern

und ahnen nicht, das wir es hätten sein können.

ZWEIFEL AN GOTT

Lachend geht die Welt bald unter,

doch warum lacht sie jetzt nicht mehr?

Weinend beginnt ein neuer Tag, doch warum

lachten sie die ganze Nacht?

Ängstlich gehen sie den langen Pfad,

doch warum wählt ihr dann den anderen?

Schreiend klagen sie die Toten an,

doch warum feiern sie das Fest?

Fröhlich feiern sie das Ende,

doch warum ist das erst der Anfang?

Bittend fragen sie nach dem Asyl,

doch warum gehen sie nicht nach Haus?

Stumm trauern sie der Erde nach,

doch warum lasst ihr sie dann untergehen?

Frisch fängt der neue Morgen an,

doch warum grüßt die Nacht uns dann?

Müde geht der alte Tag,

doch warum kommt der neue nicht?

Fragen stellt der Mensch an Gott,

doch warum antwortet er denn nicht?

Zweifelnd glaubt der Mensch ihm nicht,

doch warum wundert es ihm nicht?

DAS WESEN

Die Nacht liegt im Schatten,

kein Wesen hält die Macht in Grenzen.

Unaufhörlich klettert sie weiter,

an der Ranke des Bösen hinauf.

Schneller, dann wieder langsam

keucht sie dem Morgen entgegen.

Am Himmel sich regend und wankend

der Erde Hexenschein,

doch alles was die Wesen sehen ist ein

kalter, übersinnlicher Terror.

Der alles was auf Erden scheint,

undurchdringlich und doch glänzend macht.

Die Augen von ihm,

ein Schatten der alles durchdringt.

Sie scheinen über der Erden Welt.

Sucht und sucht, findet was er bekommen will.

Ein Kind, es schreit, schreit über das

was es noch nicht glauben kann.

Doch er, die Hetzjagd weiterführend stolpert und

fällt.

Über Menschen die ihm Hass bedeuten,

die Liebe mit sich tragen.

Nun er, der jetzt zum Gejagten wird,

steht just in diesem Augenblicke

vor dem Geiste des Allmächtigen.

Ein Blick von ihm und er schwört,

ihm würde das Herz durchbohrt.

Ein ihn fremder Schauer, noch immer

rieselt er ihm über den Rücken.

Die Nacht senkt sich hernieder, der

Morgen schwört auf seinem Angesicht.

Das Biest, tagsüber läuft es der Nacht hinterher,

weiß nun er ist nicht mehr bei Trost.

Er geht Schritt um Schritt dem Abgrund entgegen,

keine Angst ihm Hindernisse baut.

Was er glaubt ist nun verschwunden, was er denkt

ist nun das einzige was zählt.

Kann auch das Böse Reue spüren?

Ein Schritt und er springt,

springt dem langen Abgrund entgegen.

Das Leben was er einst gelebt, liegt

nun in den Händen der Dunkelheit.

Was zählt ist jetzt die Antwort auf die vielen

Fragen die er sich unterwerfen musste.

Was kann ein Leben schon?

Er schaut nach oben, den letzten Funken des

Lebens aushauchend keucht er dem Boden

entgegen.

Das Biest schlägt auf und haucht noch im

letzten Atemzug: "Was Sinn hat, muss sein

gelassen werden."

Es stirbt, seine Seele steigt dem Himmel empor

und die Menschen, die einst schwach vor Angst,

weinen.

Sie weinen um die Tat, denn Reue ist nun

geboren.

Hat nicht eine jede Seele, ob gut oder böse eine

Chance, dem Erdenball sich zu ergeben?

BLUMEN DER NACHT

Sie sind wie Tagträume, real aber auch traumhaft.

Ihr Duft betört alle, außer denen, die Hass auf sich

selbst ausüben.

Die Liebe kennt keine Grenzen, so auch diese

Blumen.

Doch wenn du sie berührst, dann verwelken sie. Sie

sterben bei den Gedanken daran, sich hingeben zu

müssen.

Wenn es Nacht wird, dann blühen sie wie keine

andere Blume.

Doch sie hat auch ihre Tücken. Dornen stechen

jeden, der sie zu berühren versucht.

Tagsüber schließen sie sich und lassen sich

berühren.

So geht es Jahr ein, Jahr aus und keine Veränderung hat bestand.

Aber wenn man mit ihnen spricht und ihr Vertrauen gewinnt, dann lernen sie auch zu lieben.

Und man erkennt, dass sie mehr sind als nur Blumen der Nacht.

So sind die Mädchen von heute - verführerisch, unschuldig und zornig zugleich.

A H O I ...

Du hast die Nacht zum Tag gemacht,

die Plagen verlegt auf morgen.

Zimmer sind dunkler, das Fenster bleibt zu -

wegen Smog.

Kippen brauchst du jetzt nicht mehr,

der Krebs siegt über das Leben. Whisky kannst du

nicht mehr riechen,

das Leben hat seinen Preis. Die Nacht ist dunkel,

fast schon unheimlich. Was die Nacht singt,

verschweigt der Tag.

Bald kommt die Morgendämmerung, du läufst

doch eh nur davon.

Ach was soll's, du nimmst die Dinge so wie sie

sind. Nimmst `ne Kippe, `ne Flasche Wein

und grüßt den Tag - ahoi...

ANGST DER PHANTASIE

Hörst du die Stimmen der Kinder?

Sie sind wie Blumen im Winter.

Siehst du dieses Engelsgesicht?

Es bricht sich im matten Abendlicht.

Schmeckst du die Düfte der Leidenschaft,

sie sind so verführerisch sündenhaft.

Kennst du die Angst der Phantasie?

Sie ist wie eine große Telepathie.

Gedanken nehmen gar kein Ende,

niemals kennt sie eine Wende.

Mach die Ängste nicht zur Qual,

hättest du dann eine einzige Wahl?

Warte auf dieses eine Ende,

bis ich dir viel Glück zuwende.

Schlafe tief und träume fest,

von dem Schicksal das dich überwachen lässt.

Träume von einem anderen Land,

das dir niemals den Rücken zuwand.

Sei glücklich und leg dein Haupte nieder,

wir sehen uns im ander'n Lande wieder.

FREI WIE EIN VOGEL

Flieg geschwind durch Nacht und Raum,

entschwinde nicht aus meinem Traum.

Lass die Qualen hinter dir,

befreie dich von dieser Gier.

Wenn du fliegen kannst, flieg fort,

denn es gibt schöneres als diesen Ort.

Raste oft an jenem Fleck,

der dich trägt im Traume weg.

Flieg nicht zu tief und schütz dein Gefieder,

sonst stürzt du ab und fliegst nie wieder.

TANZ AUF DEM VULKAN

Tag aus, Tag ein derselbe Trott,

nachts tanzen wir auf dem großen Schafott.

Wir kommen doch eh nicht zur Ruh,

schläfst und machst doch die Augen nicht zu.

Nachts tanzt du auf dem glühenden Vulkan,

trottest immer mehr in den tosenden Wahn.

Nacht kommt und geht wie du und ich,

erwacht und schränkt die Arme um sich.

Komet bringt uns den Feuerregen und doch lacht er

über unseren Segen.

TODESLIED

Sing mit mir mein teurer Engel

auf des Lebens größte Mängel.

Heb deinen vollen Kelch, gefüllt mit Wein sag das

Loblied auf das Glück, nicht auf diese Pein.

Teure Sünde leg' dich nieder,

der nächste Tag kommt, dann sehen wir uns

wieder.

Schlaf und bedecke mit Träumen dein Haupt,

denn süß träumen kann nur der, der glaubt.

Leb wohl, teures Mädchen mein,

du sollst mein auf ewig sein.

Doch sehen wir uns ja bald wieder,

bis dahin - schlaf und lass den Traum hernieder.

WER?

Gefangen in allem was du siehst,

was du tust, was du denkst.

Gibst dich stumm den Gedanken hin -

lebst völlig daneben.

Wer bist du jetzt?

Wer warst du gestern?

Oh mein Gott, hilf mir mich zu besinnen.

War ich boshaft, lieb, scheu, ängstlich...?

HORIZONT

Blutroter Streifen breitete sich aus, Sonne die im

Himmel vergeht.

Der Abend ist gekommen, Vögel ziehen gen

Süden. Rosen verblühen, die Farbe wird matt und

die Hoffnung vergeht. Wo ist die Sehnsucht? Wo

die Liebe? Kann es kein Zurück mehr geben?

Die Angst kommt aus der Seele, Gedanken verirren

sich, erbarmungslose Gefühle dringen aus den

Köpfen. Einsamkeit kommt und geht, keiner weiß

etwas von dieser Situation.

Alle leben einfach nur in den Tag hinein. Angst

einzuschlafen, sich fragen warum man lebt.

Ist das nicht genug?

Der Moment ist gekommen, die Nacht bricht

herein, das Leben stirbt und mit ihm die Seelen.

KANN MAN?

Kann man es Spaß nennen, wenn man die Gefühle

verletzt die einem so viel bedeuten?

Kann man es Glück nennen, wenn die Liebe durch

solch einen Spaß zugrunde geht?

SPIEGEL

Spiegel des Seins, Uhr der Vernunft.

Sterne des Südens kurz vor der Niederkunft.

Schau in den Spiegel und erblicke den Schein.

Erblicke dein Selbst, dein Ich, dein Sein.

Ein Meer voller Liebe und doch Traurigkeit,

schmerzvolle Hiebe und doch Heiterkeit.

IM INNERN DAS ICH

Gefühle wallen mit hoher Kraft,

Gefühle die vorher nie geschafft zu entbrennen,

aus dem Innern hervorzustechen, sich zu zeigen.

Versteckt lagen sie im Hintergrund,

sie zu zeigen gab es bisher keinen Grund,

und doch fällt es mir schwer etwas Neues zu

erleben.

SPIEL DER LIEBE

Ich kannte dich nicht, doch du fühltest wie ich.

Hast auch nach den Sinn gefragt und
dich mit Antworten geplagt.

Kannst nicht mehr raus aus dem Labyrinth und
fühlst dich wie ein Kind.

Du nahmst mich bei der Hand und zeigtest mir das
Ziel.

Du wolltest kein Pfand und jetzt liebe ich das Spiel.

Das Spiel der Liebe, das ich einst nicht verstand.
Und das ich nur durch dich jetzt fand.

DAS GEFÜHL

Wie leichte Flügel trägt dich diese Sehnsucht fort,

kannst wieder atmen, frei sein, wie dieser Vogel

dort.

Ist egal ob diese Liebe erwidert, diese Sehnsucht

gestillt,

nur dieses Gefühl ist wahr, real und ist gewillt.

Willst nicht wissen was er fühlt,

willst nicht wissen was er sagt,

weinst vor Glück, lachst über alles und tust Dinge,

die du vorher nie gewagt.

Hoffst dass diese Flügel niemals brechen

und dieses Lächeln niemals schwindet,

weißt dass nur dieses Gefühl dir bleibt,

und das es dich an das Leben bindet.

DER SIEG

Oh Lebensmut verlass mich nicht,

tauch mich nicht ein in diese tosende Gischt.

Mach diesen Schmerz nicht zur Qual,

so schwer ist doch meine enge Wahl.

Ich flehe dich an, ziehe mich aus deinem

hypnotischen Bann.

Lass, oh lass mich doch nun sein,

denn so wird sie größer, meine jetzige Pein.

Ich schau in das flackernde Licht der Kerze und

nehm' mir jedes Wort zu Herzen.

So wie die Kerzen nun verrauchen, lass mein

Leben nicht auch so verhauchen.

Sing mit mir das Lied des Lebens und schau, der

Sieg war nicht vergebens.

Erkennst du nun die Frucht des Sieges?

Nun sag, hat es sich nicht erweichen lassen, dein

Herz, dein liebes?

FREIHEIT

Flieg, flieg wie ein Vogel in den Himmel,

siehst du den Reiter auf seinem Schimmel?

Halte deine Träume fest,

bevor sie der Wind fliegen lässt.

Flieg geschwind durch Nacht und Zeit,

umgehe die Sonne, die dich aus deinen Flügeln

befreit.

Atme den Duft der Freiheit ein,

oder willst du für immer ein gefangener sein?

Höre nicht auf Stimmen die dich belügen,

schaue keine Menschen an, die dich betrügen.

Vergiss die Zeit von den einstigen Qualen,

es sind nur noch seltene Zahlen.

Siehst du die Wolken über deinem Haupt,

es ist der Morgen der dir die Vergangenheit raubt.

DER LANGE WEG

Wie grausam ist doch der Erden Licht,

oh Welt, wie töricht ist doch der Meere Gischt.

Geh, geh schnell und allein deinen Weg,

wie krachend zerbarst der ewige Steg.

Meinst du zu hören das stetige Lachen?

Nein, es ist nur das Tosen und Krachen

der Meere und Flüsse,

die herunter kommen wie ewige Regengüsse.

Lach, lach ein letztes Mal,

bevor du hinunter steigst in das große Tal.

Dunkelheit und Hölle werden dir niemals Liebe

geben,

jedoch dein einsames und erfülltes Leben.

STUNDEN DER NACHT

Die Uhr schlägt zwölf, s'ist Mitternacht,

nun hat die Stund den Geist entfacht.

Halte Träume deiner Nächte fest,

bevor der Gott der Zeit sie reisen lässt.

Ach, dein Haupt ist doch nur voller Sorgen,

kannst sie nicht halten, die Träume von morgen.

Engel der Nacht, lass sie nicht erfrieren,

sonst wird sie noch die Lust verlieren,

an des Lebens ew'ger Freud.

Denn ein jeder lebt auch morgen, nicht nur jetzt und heut.

Schlägt die Stund der Zeit bald sieben,
werden wir die Freuden doch noch lieben.

Was die Stund der Mitternacht mit Träumen macht,
werden wir bald vergessen und ein jeder lacht.

Denn der Tag ist reicher wie die Nacht.

KRISTALLE

Mein Herz ist tiefgefror'n, liegt auf Eis.

Wie Kristalle schimmert die Haut -

in den Regenbogenfarben des Vergessens.

Nur ein Tropfen deiner Liebe würde es zum

Schmelzen bringen.

Und die Kristalle würden sich zu einem Fluss

formen - in den Regenbogenfarben des

Vergessens.

POET DER PHANTASIE

Poet der Phantasie, nachdenklich und voller Ideen.

Schreibt Gedichte, die kaum jemand versteht.

Paradies der Sinne, alles voller Liebe,

unbeschreiblich groß und nur Phantasie.

TRAURIGE LIEBE

Das Piano spielt die Melodie der Liebe, traurig

tanze ich dazu.

Wie kann ich dir die Liebe geben

die du verdienst und die du brauchst.

Ein Luftzug streicht meine Wange

und trocknet meine Tränen,

die nur für dich alleine fließen.

Traurige Liebe findet ihren Kummer

im Herzen eines Liebenden.

Und für immer lebt die Melodie,

die nur für dich ich singe.

Und für immer mag mein Herz so traurig sein wie

jetzt, denn wenn mein Herz weint, dann weiß ich,

dass ich dich immer lieben werde.

WESEN DER NACHT

Du Wesen der Nacht,

bitte halte mich fest.

Ich möchte nicht,

das der Tag eintritt.

Mögen tausend Jahre vergeh'n,

tausend Stunden um mich zieh'n,

Millionen Sekunden entrinnen.

Will in deinen Armen sterben - für immer.

Wesen der Nacht - sieh mich, sieh mich jetzt.

Und gib mir den letzten Kuss zur Erlösung.

Jugend

(1994 – 1998)

ENGEL DER TRÄNEN

Engel der Tränen, oh Cassiel

fliegst mit Sehnsucht zu einem Ziel.

Zeigst uns die Trauer und Leidenschaft,

nur zum Wunsch nach Liebe gemacht.

Engel der Tränen, oh Cassiel,

fliegst mit Sehnsucht zu einem Ziel.

Schenkst uns den Segen der Vergangenheit,

nur zum Wunsch nach Vergessenheit.

Engel der Tränen, oh Cassiel,

fliegst mit Sehnsucht zu einem Ziel.

Verkaufst uns die Freuden der neuen Liebe,

nur zum Wunsch nach uralte Triebe.

Engel der Tränen, oh Cassiel,

fliegst mit Sehnsucht zu einem Ziel.

Willst uns etwas sagen mit deiner Stimme,

nur zum Wunsch nach einem Sinne.

Engel der Tränen, oh Cassiel,

wir rufen dich, wir rufen dich...

Engel der Tränen, oh Cassiel,

das Lied der Tränen ist für dich...

Cassiel, oh Cassiel,

Engel der Tränen wir lieben dich...

TRAUM

Leg dich schlafen träum' von mir

such und find des Traumes Tür.

Engel streicheln deine warmen Wangen

vergiss das stetige Hoffen und Bangen.

Höre nicht auf den Ruf der gefallenen Engel,

sie suchen und finden deine größten Mängel.

Stehlen deine größten, schönsten Träume,

sie werden gemacht zu Meeresschäume.

Ziehe über Welten, finde dein Glück

sammle sie zu einem Stück.

GEHEIME SEHNSUCHT

Willst du mit mir den Tanz des Lebens tanzen,

mit mir auf einer Wiese liegen,

mit mir die ganze Welt umarmen,

mit mir das ganze Glück erfahren.

Wie gern würde ich dich das fragen,

doch du siehst mich nicht und

ich habe Angst es dir zu sagen.

Gibst mir Hoffnung für das Leben,

Hoffnung auf Glück, Hoffnung auf Streben.

Wie gern würde ich sagen: "Danke", doch warum?

Siehst mich nicht, kennst mich nicht.

Doch mittlerweile bist du ein Teil von mir, und ich

brauche dich, wie das Leben den Atem, wie die

Erde das Licht und wie das Leben die Liebe.

DER STURM

Ein Sturm zieht auf, Bäche fließen,

Bäume wiegen sich im Wind.

Der Schrei eines Vogels, der ungehört verhallt.

Lautlose Flügelschläge eines Adlers,

Gesang der Menschen, der widerhallt.

Und nach dem Sturm, Stille, unendliche Ruhe.

Fließendes Wasser, das still nun steht.

Kein Blatt das sich nun mehr rührt,

nah und fern kein Vogel mehr.

Der Sturm zog vorüber und mit ihm

die Hoffnung auf ein neues Leben.

NUR DEN EINEN KUSS

Nur den einen Kuss will ich von dir haben,

der so sanft, so rein wie frischer Tau auf frühem

Gras.

Blutiger Kuss auf immer erhalten, für immer

bewahrt vor Realität, so grausam, so ungesetz.

Im Meer aus Leidenschaft taumeln wir umher,

vergessen sind Raum, Zeit, Luft.

Wir atmen und doch nicht, singen und doch

stumm geben wir uns allem hin.

Was Blut zeigt, was Blut bedeutet, was Blut

ernährt.

Verfallen dem Sinn des Traumes, sanft, rein, blutig

wie Tod in seltsamer Stunde.

Soll dieser Kuss dem Tode gleichen, so will ich nie

wieder leben und in deinen Armen sterben.

SCHWEIGEN DES VERLANGENS

Verzweifelt schlägt das Kind mit der Faust auf dem

Tisch,

hört die Uhr zwölf schlagen und meint,

es sei auch Mitternacht in seiner Seele.

Dunkle Stimmen fordern es auf, einen neuen Tag

zu beginnen.

Doch die Uhr des Lebens scheint still zu stehen.

Ermordet ihre Seele mit fleischigem Verlangen,

nach Wärme, Zärtlichkeit und Leidenschaft.

Am Brunnen wo sie oft saß,

schweigt nur noch der Schatten der Reue.

Geboren ward das Kind, um selbst zweifelnd zu

sterben,

voran das Glück der Einsamkeit,

voran das Streben nach Geborgenheit.

Ist reich an Gefühlen, kann nichts geben für einen

Mann.

Behält das wahre Glück im Herzen und wartet.

In einer großen Halle, die kälter noch als der

Winter, die zugiger noch als der Sturm und noch

verlassener als sie selbst –

... starb als Medium,

... starb als Geist,

... starb als Mädchen -

und Tod ihren Sündern allen gleich.

DER ELF

Und aus dem Lichte trat ein Elf,

mysteriös, unscheinbar, schon fast dem Tode gleich.

Gemeißelt sein Gesicht, tiefe Augen

erblicken was du nicht sehen kannst.

Sieht Tod in deiner Nähe, doch glaubt er nicht an

ihn.

Selbst schon erloschen, wärmt sein Licht dein

Antlitz und ein sanfter Hauch streift deinen Körper

und du fühlst, dass nicht er deinen Tod will,

sondern du selbst.

Andere Elfen töten um zu leben, er tötete sich

selbst, das du leben kannst.

Eine Weile noch, dann wird er in deinen Armen liegen und weinen, was nie ein Elf zuvor getan.

Und dann wirst du begreifen, dass dieser Elf für die Liebe stand, die du einst fühltest.

Denn jetzt lebst du nur, um zu hassen und dich für deine Taten zu strafen.

Und jeden Tag fragst du dich, was gekommen wäre wenn du nicht in seine Augen geblickt hättest und wenn du nicht seine Lippen gespürt hättest.

Was wäre die Liebe ohne Menschen,
wären die Menschen ohne Elfen...

HIMMEL

Wie lange noch, wie lange muss ich noch fliegen mit gebrochenem Flügel, mit Angstschweiß auf der Stirn?

Wer sagt mir wann genug, wer sagt mir wo das Ende ist?

Fliege nicht zu hoch, nicht zu weit.

Der Sonne entgegen, die dich blendet, die dich erhitzt.

Grell scheinend, blind macht für die Liebe, wie die Angst die dich verfolgt, so lange du schon fliegst.

Stell mir keine Fragen, die Antwort liegt auf meinem Gesicht.

In meinen Augen die Angst, die dir hass entgegenbringt, damit du nicht die Ruhe in der Seele spürst.

Spürst du sie doch, so lang verschwiegen, so lang geheim.

Bis die Sonne dich entblößt, deine Seele offenbart.

Bis du tot am Boden, mit gebrochenem Flügel, mit dem du so lang geflogen, so lang geschwiegen hast, dem Himmel deine Seele gibst.

Obwohl dein Augenblick im Traume nicht währte, nicht kam und du voller Hoffnung lächelst und dir alles frei wünschst.

Dich entsagst, bis der Himmel dir Gnade über alles gibt.

LASS MICH TRÄUMEN

Lass mich träumen Welt,

von meinem eigenen Held.

Will selber fliegen mit Flügeln

aus meinen Träumen.

Will tanzen zu meiner Melodie,

aus Texten von meinen Wünschen.

Lass mich träumen Welt

und lass mich geh'n,

Lass mich zieh'n in mein eigenes Land.

Das Land, das nur mir, nur mir gehört.

DAS LEBEN ALLEIN

Das Leben allein ist ein Schein ohne Sein,

Das Leben darum, ein ewiges Drumherum.

Das Auge nicht sehend, was sie nur flehend.

Der Körper zerbricht, das Gehirn das spricht:

Saget die Wahrheit, schaffet nur Klarheit.

Drum sei mit Getöse des Himmels nicht böse.

Was auch geschieht in deinem Gebiet.

Das Leben geht weiter, drum sei heute heiter.

Denn Morgen am Abend, wenn Götter sich labend

an des Himmels Pforte, sammeln ein die Horde,

Sie suchen sich aus des kleinen Mannes Haus.

Drum sei fröhlich und gar heiter,

dann lebst du auch morgen noch frisch und heiter.

KINDHEIT

Man wird vertrieben aus einem Paradies das man
Kindheit nennt, man schwelgt anfangs in Erinnerung
an den großen Garten, die Schaukel, die
Sonnenstrahlen auf dem Kindsgesicht.
Man vergisst leicht diese Dinge, so ist der Lauf des
Lebens.
Doch auf dem Sterbebett tauchen all diese schönen
Dinge wieder auf und man hat Tränen in den
Augen.
Warum hast du dich nicht erinnert, warum warst du
nicht jeden Tag Kind.
Es hilft Kind zu sein im erwachsenen Sein, denn auf
dem Sterbebett sollte man für sein Leben lächeln
und nicht die letzten Tränen vergießen.

BESITZTÜMER

In welcher Welt leben wir, wo die Besitztümer anderer Leute

geraubt werden, ohne das danach gefragt wird,

was es mit diesem auf sich hat.

STILL

Still, sag nichts.

Es ist nur das Weinen der Toten.

Hörst du den Ton, dann behalt die Tränen.

Hörst du ein Flugzeug, dann behalt den Schlaf für

dich.

Es ist vorbei - die Trauer, die Angst,

vergiss das Schlummern der Angst in dir,

denk an dich, vergiss das Weinen in dir.

Halt dich fest, aber klammere dich nicht an Tote.

SILBERDUFT

Fließende Bäche mit Silberduft verbunden,

die Wellen begleitet vom Tod.

Sitzt du gelassen, fröhlichen Gesichts,

ahnst du nichts.

Doch du weißt, dass die Wellen verschwinden

und du hoffnungslos im Silberduft ertrinkst.

EIN TAG

Ein Tag ist vergangen, beinahe sinnlos fliegt er

durch die Zeit.

Doch wir sind gefangen, in einer lautlosen

Begebenheit.

Stillst du deinen Durst mit Wut, wir machen

Hunger zu Mut.

Schatten lassen sich nicht mehr fangen,

wir müssen um unsere Träume bangen.

Du gehst auf der Straße hin und her

und verstehst die Welt nicht mehr.

Hast geschuftet bis zum Ende

und bekommst dennoch niemals Rente.

Warum kämpfst du für die Gleichheit,

wenn die Bosse nie überwinden ihre Feigheit.

Verschwende nie deine Gedanken an Sieg,

verdammt sind wir zum ewigen Krieg.

Du lässt die Dinge laufen wie sie sind,

weinend und stumm trauerst du um das Kind,

das du mal warst und nie mehr bist.

Für immer sei das Leben eine einzige List.

Du gehst früh schlafen und findest doch keine

Ruh,

denkst an gestern und machst die Augen zu.

ENDLOSE NACHT

So traumhaft ist der Erden Nacht,

die alles still und ruhig macht.

Der Duft der Grenzenlosigkeit

und die Sterne der hellen Scheinbarkeit.

Alles oh Mutter Erde,

mach dass es nie zu Ende gehen werde.

So klar die Sterne, so heil die Welt.

Nichts trübt mich, kein Kummer, kein Geld.

Ach, lass diese Nacht nie enden,

lass diese Dinge nicht dem Tage zuwenden.

So lass mich ein Kind dieser hellen Nacht sein.

Schenk mir ein von diesem bittersüßem Wein.

Ich schenk dir meine Jungfräulichkeit,

auf das nie enden wird, diese fromme Heiterkeit.

Doch wenn einmal die Nacht enden wird,

so schütze mich wie ein treuer Hirt.

DAS KIND

"... und sah ich ein Kindlein weinen, an der

Klippen edlen Schlucht.

Ein Hauch durchströmte ihren Atem, in der Fern -

das leise Lied der Lust."

SEHNSUCHT TOD

Allem Leben zum Trotz liebe ich doch den Tod,

so still, so unnahbar -

meine Seele, du gleichst so sehr dem Tod.

Ausgehungert, dunkel, sehnsüchtig,

verlangst du nach dem dunklen Licht

was dich verführt, verleitet

zum Schmerz des ewigen Hasses.

Hass auf Liebe, Schmerz nach Liebe -

und doch, sehnst du dich nicht mehr

als nach diesem einen -

nach Liebe, nach Sehnsucht,

und doch - nach Hass zugleich.

ZEICHEN

Könnte schreiend niederknien,

vor den Fesseln dieser Welt.

Grundlos erschauern Schatten

im Wuchse ihrer Zeit.

Tränen besiegeln Furcht vor Tod,

so grausam.

Auf den Schwingen des Todes

gleitest du dahin.

Auf ewig, für immer

im Herzen der Stille -

mit dem Zeichen in deiner Seele.

TRAURIGE WINTERSNACHT

Und es gab ein Mädchen, das wart gebor'n in einer Wintersnacht,

wuchs auf in einem Land mit großer Macht.

Lebte in einem großen Palast und durfte nichts geben,

nicht für die Freuden oder des Glückes leben.

In einem Land das sehr arm, groß und weit,

wart ein Jung gebor'n zur selben Winterszeit.

Wuchs auf mit Freuden am endlichen Leben,

konnte für sich und das Glück alles geben.

Durch Zufall trafen die beiden sich, auf dem Markt der Stadt,

sahen sich in ihren Augen satt.

Verliebten sich ohne Gefahr und ohne Namen,

doch beide wussten, sie waren nicht vom selben
Samen.

Trafen sich dann jeden Tag und jede Nacht und
genossen der Liebe endlose Macht.
Wussten nichts von Regeln und Gesetzen,
ließen sich nicht scheuen und nicht hetzen.

Ein paar Jahre später, als das Mädchen heiraten soll,
wuchs unendlich auf, von dem Jungen der Groll.
Versuchte alles um dies zu verhindern
und um seine Schmerzen zu
lindern.

Das Mädchen heiratete diesen fremden Mann,
doch schaute nur ihren Liebsten an.

Sie gebar ein Kind von reiner Schönheit,

es war von ihrem Liebsten, geboren in Traurigkeit.

Ohne Ausweg und mit Sehnsucht für ihre Liebe,

handelten sie ohne vernünftige Triebe.

Trafen sich an jenem dunklen See,

wo sie jahrelang teilten ihr Weh.

Drei Menschen voller Liebe und Sehnsucht im Herzen,

konnten den Schmerz der Jahre nicht ausmerzen.

Lagen am See,

wo sie teilten ihr Weh.

Eine kalte Wintersnacht, mit tausend Diamanten, grad gebor'n.

Lagen sie da und mit dem Glück im Arm waren sie erfror'n.

SCHWARZE ROSE

Weißt du wann ich mich gut fühle?

Wenn ich das Haus verlasse und mich einfach in den

Sommerregen stelle.

So warm, so weich.

Die Tropfen gleiten an deinem Körper hinunter,

macht dein Haar strähnig und deine Wimpern nass.

Er lässt dein Gesicht weich aussehen.

Du streckst die Arme aus und lachst einfach in den

Himmel hinein.

Doch nach ein paar Minuten stehst du da,

schaust zwar immer noch in den Himmel hinein,

doch du lächelst nicht mehr.

Denn du bemerkst, dass es kein Sommerregen war,

sondern Staub.

Weißer, süßlicher Staub.

Du blickst nach unten und siehst den Boden nicht mehr.

Du drehst dich im Kreis und alles was einmal war, ist verschwunden.

Es existiert nur noch weißer, süßlicher Staub.

Und in der Fern siehst du eine Blume, eine schwarze Rose.

Du gehst zu ihr und berührst sie sanft.

Und auf einmal erklingt ein Ton und die letzte Erinnerung

vom warmen Sommerregen verschwindet aus deinem Gedächtnis.

NEBEL

Nebel umschweift meine Seele, ein Tag verrinnt wie eh und je.

Ein Kind steht an meiner Seite, habe es noch nicht erkannt.

Augen schauen traurig auf, sehen Nächte voller Angst.

Habe Tränen in den Augen, habe es so nicht gewollt.

Nehme das Kind bei meiner Hand und gehe der Stadt entgegen.
Sehe Flammen hell erleuchten, die Stadt zu Asche je verbrennt.

Nebel umschweift meine Seele, die Nacht wird hier

zur Ewigkeit.

Habe das Kind nun doch erkannt,

es zeigt mich –

in der Vergangenheit.

LUZIFER

Luzifer, oh Luzifer, was bist du doch für ein Tor,

schiebst die Engel den Menschen vor.

Sind jene nicht gnadenloser als

dieses zänkische Weib , oder dieser Trunkenbold

da?

Fliegen umher wie lästige Fliegen,

entsagen Gott durch Tyrannei.

Versprechen was nicht einzuhalten ist,

schicken Gütige zu dir.

Sprechen Lügen, lassen Wahrheiten versinken.

Selbst aus Hass haben sie dich am Himmel verewigt,

der für dich die Hölle ist.

Luzifer, oh Luzifer, was bist du doch für ein Tor,

hast so viel Reichtum und Armut zugleich,

das es mich schon schmerzt dich Luzifer zu nennen.

MEIN

Ein Leben ohne dich? Niemals.

Du bist mein Leben, mein Weg.

Der Weg den ich gehen soll,

das Leben das ich leben will.

Du bist meine Liebe.

Ein Leben ohne dich? Niemals.

Du bist meine Seele -

alles was du bist, bin ich.

VERGESSEN

Ein Augenblick - vergessen sind Worte,

für immer verloren die Unschuld des Herzens.

Verlierst dich im Taumel der Liebe,

drehst dich mit dem Wind, opferst deine Gegenwart.

Fühl den Schnee auf nackter Haut,

er schmilzt wie dein Herz, wenn es wie Feuer

entbrennt.

Auf immer verloren, für immer im Wind des Taumels

vergessen.

Jahr um Jahr, Stund für Stund,

Ein Kuss und die Augen

verlieren sich im tiefen Schwarz.

Starr, hypnotisiert

ein Lachen von dir und ich schenk dir meine Tränen.

Hörst du die Musik,

die für immer in meinem Herzen klingen wird -

so weit fort, doch spüre ich dich

mit jedem Atemzug, mit jedem Augenblick.

Genießen werd ich Tag und Nacht,

gehen werd ich immer fort.

In deine Arme, in dein Lächeln.

Du zeigst mir den Weg, geh nicht fort,

nicht jetzt.

Noch ein Augenblick, will dir meine Tränen nicht

geben.

Will nicht, dass der Schnee jetzt kommt.

Kommt er schon? Dann will ich sterben,

dann will ich fort sein.

Fort von der Einsamkeit, fort von dem Wind,

der mich noch immer trägt auf sanften Schwingen.

Ein letztes Mal lächle,

ein letztes Mal gib mir deine Lippen zu einem

unendlichen Kuss -

sanft träumen kann nur der, der glaubt.

Blick dich nicht um, nicht jetzt, nicht jetzt, nicht

jetzt.

Ein weites Feld, kahl, traurig, der Wind streicht sanft

über Gras und Staub

und in der Luft eine sanfte Stimme:

"Komm zurück, komm zurück."

EIN LEBEN

Ein Leben, bestehend aus Feuer, Kälte,

seicht wie Wasser, grollen der Blitze

flutet wie Wogen schwebend glatt wie Windhauch,

so zart.

Streicht Strähnen weg und Tränen fort -

hinweg das Bild, das dich so formte.

Ein Leben, bestehend aus Feuer, Kälte,

seicht wie Wasser -

der Weg ist weit, und dunkler denn die Nächte,

deiner Seele so umsorgt.

GLAUBEN AN UNENDLICHKEIT

Wir treiben im Wind des Nichts,

jede Minute eine Stunde, jede Stunde einen Tag.

Zeitlos geben wir uns unseren Gedanken hin und

fühlen doch nichts als Schmerz.

Gleicht jede Minute doch einer Stunde,

gleicht jede Stunde doch einem Tag.

Wir wissen mehr als vorher und doch,

unsere Gedanken gleichen einer Leere,

unsere Köpfe einem Nichts -

das uns weiter treibt, in dem Glauben an

Unendlichkeit.

DIESER LIEBE

Selbst wenn dies unendlich wäre,

der Schmerz stünde dennoch in meiner Schuld.

Hoffnung gleicht Schimmer im ew'gen Eis,

meine Seele tiefgefror'n,

wartend mit schmerzvoller Sehnsucht,

auf Wiedergeburt dieser Liebe.

Dieser Liebe nichts vergleichend auf immer bewahrt

vor Trotz, vor Tod.

Bin ich doch ein Geist hier auf Erden

und doch ein schwarzer Engel, auf dem Weg nach

unten.

Unten, wo heißer noch der Liebe Sonnenstrahl -

und doch kälter als deine Hand

des Kusses der mich leben ließ, erwartungslos,

widerstandslos schwebend im Licht.

Licht, das so hell, so strahlend meine Augen blendete.

So wunschlos sich mir ergab.

Sehe deine Aura im Lichte untergehen wie ein dunkler Schatten,

heller und heller.

Bis du ganz im Licht der Vergessenheit untergehst.

Doch ist dies ein Traum,

im unendlichen Licht scheint dein Geist in der Ewigkeit.

Schließe ich meine Augen, so sehe ich,

denke an deinen Kuss und gehe dem Lichte entgegen.

DER TANZ

Wiegt zum Tanz das junge Mädchen

ihr Kleide nach dem jungen Glück.

Hat den Knaben nie geküsst,

und doch hat sie ihn schon umarmt.

Zog zum Kriege er nach Jahren,

sie nichts mehr gehört von ihm.

Sie traf Mann von gutem Geist,

heiratete ihn, bekam einen Sohn.

Dann kam der Knabe heim vom Kriege.

Das Mädchen weint vor Schmerz und Glück,

ging zurück zu diesen Knaben -

und verließ das wahre Glück.

SPRING

Spring, spring, spring, spring,

fällt dir sonst nichts ein?

Hast du dich nicht selbst belogen?

Was ist, keine Angst, spring einfach,

ist doch nichts dabei, was soll schon passieren?

Sie können dir nichts beweisen, du bist ja tot.

Also reiß dich zusammen und spring!

Ich helfe dir sogar, ist doch Ehrensache.

Du kannst mir vertrauen...

vielleicht spring ich ja mit.

Kann sein das wir uns wieder seh'n, willst du das,

ja?

Na dann spring, ich komme hinterher.

Habe ich dich jemals belogen?

ANTICHRIST

So kommt er doch, der Antichrist,

wird uns überzeugen vom rechten Glauben.

Wird nicht fragen wer du bist,

bist ja nur einer im großen Haufen.

WAHRHEIT

"... vielleicht wirst du die Wahrheit in der Heiligen

Schrift finden.

Doch vielleicht wirst du auch erkennen, das die

Wahrheit nur ein Trugbild deiner Selbst ist."

GEHT FORT...

Geht, geht fort von mir,

niemand soll meine Tränen sehn.

Geht, geht fort von mir,

niemand soll an meiner Seite steh'n.

Sollen Einsamkeit und Zweifel kommen,

ich habe Mut, bin nicht benommen.

Weder Liebe, noch ein Lächeln in meinen Herzen -

wache auf und bemerke voller Schmerzen,

das dies der Alltag ist in meinem Leben.

Das nichts da ist, um dies auszumerzen,

muss weiter nach Verzweiflung streben.

EIN SCHWERER TRAUM

Eine nicht endende Nacht grub sich in mein
Gedächtnis wie ein schwerer Schlag des Schicksals.
Ich frage mich, wie es zu diesem Traum gekommen
ist, der all meine Ängste des Tages in sich begrub.

Eine Wolke aus blauviolletem Ton schwebt um
meinem Körper –

Ich rufe deinen Namen,
doch der Ton verirrt sich im Nebel des Schweigens.

Ein grelles Licht umleuchtet mein Gesicht –
Ich greife nach deinen warmen Händen,
doch zu schnell schwebst du dem Abgrund
entgegen.

Sehe uns beide im Traum von

transparenter Seide schweben -

ich berühre deine Lippen mit meinem Mund, warum

sind sie so kalt, so kalt.

Werde den Traum wohl nie vergessen, wo ich dich

für immer verlor.

Ich kann nichts dagegen tun,

die Hoffnung findet ihre Stärke im

Schmerz und die Sehnsucht verliert sich im Dunkel

des Vergessens.

Die Liebe für dich wird wohl ewig sein,

die Leidenschaft wohl umso mehr.

Nur gut, das Träume Träume sind

und nicht bei Tage leben.

SEHNSUCHT

Seele, lässt du mich schlafen wenn

ich jetzt nicht mehr an ihn denk?

Lässt du die Schatten verschwimmen

die ihn an die Wand malen?

Seele, lass mich die Sehnsucht

nach ihm vergessen, lass mich schlafen

und nicht mehr den Mond ansehen.

Doch Moment,

will ich ihn vergessen?

Will ich diese süße Qual, diese himmlische

Sehnsucht wirklich vergessen?

Lass mich wachen, die ganze Nacht,

damit ich tanzen kann mit den Schatten

an der Wand.

Damit ich träumen kann bei der

süßen Melodie der Liebe.

Leben

(1999 – 2003)

WEINE NICHT

Weine nicht mein Kind, es ist ein neues Jahr.

Das Alte ist vergangen und mit ihm die Tränen.

Weine nicht mein Kind, es ist ein neues Jahr.

Das Neue hat begonnen und mit ihm die neue

Hoffnung.

KRISTALLPALAST

Und wenn du einmal vor Schmerz vergehst und

wenn du ein Tränenmeer vergießt.

Dann tritt ein in den Kristallpalast.

Sein Ursprung hat er nur von Tränen und sein Leben

ist die Ewigkeit.

Ein großes Tor, geschmückt mit tausend Prismen

weist dir den Weg hinein.

Der kleine Pfad sind Steine voller Tränen.

Und links und rechts stehen Bäume aus Glas, sie schimmern im eisigen Blau.

Von fern siehst du den Eingang, funkelnd lädt er dich ein.

Du gehst hinein und voller Staunen erblickst du Kristalle von allen Farben, eine Treppe zum Himmel aus Glas.

Und durch den Palast fliegen kleine Elfen, sie verwandeln Tränen in Glas und Glas in Kristalle.

Und so währt der Kristallpalast ewig.

Du fühlst dich sicher, voller Glück und möchtest den Palast nie mehr missen.

Und als du auch andere Menschen siehst, hast du den Schmerz vergessen und deine Tränen schimmern am Tor des Kristallpalastes und währen für ewig fort.

SCHLEIER DES VERGESSENS

Weißes Papier starrt mich an,
als ob es zu mir sagen will:
"Nein, beflecke mich nicht, ich
bin zu kostbar für dich."
Stumme Schreie liegen in meinem Mund,
als wollten sie schreien:
"Nein, sprich uns nicht aus,
wir sind zu kostbar für dich."
Sehe den Tag im Schatten liegen,
doch er zeigt sich nicht, als ob

er sagen wollen:

"Nein, sieh mich nicht an, ich

bin zu kostbar für dich."

Und in jenem Augenblick fiel der Vorhang

jenen Stückes und ich fand mich in

jener Welt wieder, die mir Schmerzen brachte.

Und der Schleier des Vergessens zog sich um mich

und ich sah die alte, schöne Welt nie wieder.

Und mit einem Messer in der Brust machte ich

mich auf in eine andere Welt - noch unbekannt.

Doch der Schleier fiel hinab und mit einer Träne

im Auge blickte ich zurück und sah noch einmal

die letzten schönen Augenblicke -

eine Rose die nie vergeht,

ein Blättchen das im Winde weht,

ein herzliches Kinderlachen

und all die anderen schönen Sachen.

ES WIRD

Es wird eine Zeit kommen,

wo die Angst keine Rolle mehr spielt,

wo die Sterblichen unsterblich werden.

Es wird eine Zeit kommen,

wo der Schlaf ewig währt,

wo die Zeit nicht mehr besteht.

Der Sonnenaufgang begleitet uns auf dem Weg ins

Niemandsland.

Die Stimmen zeigen uns den Weg,

der Nebel streicht unsere Tränen weg.

Es wird eine Zeit kommen,

wo ich nicht mehr auf Liebe hoffen brauche.

Es wird eine Zeit kommen,

wo ich dich vergessen kann.

Es wird eine Zeit kommen,

wo ich unsere Vergangenheit vergessen kann.

Die Namen werden vergessen, die Gesichter

verschwinden und noch immer

begleitet uns der Sonnenaufgang auf dem Weg ins

Niemandsland.

In das Reich der ewigen Seelen, in das Reich der

Vergessenen.

CHINAWEIß

Chinaweiß Gewänder,

wesenlose Schattenbänder.

Kreuzzug durch Schnee, weiß wie Seide,

grün wie Klee.

Weite Wiesen, große Felder,

Eis wie Eis, immer kälter.

Chinaweiß Gewänder,

wesenlose Schattenbänder.

Tod, komm in weiß wie kaltes Eis,

Seide schürt Feuer, heiß wie weiß.

FEUERVOGEL

Sanfte Schwingen im Firmament

des absoluten Nirwana.

Taucht auf, gleitet hinab,

im Strudel des Vergessens.

Wo gehst du hin, mein Feuervogel.

Wo tauchst du auf im Wasser der Vernunft.

Komm zurück, ich will nicht geh'n.

Begleite mich mit deinem Kleide,

so kalt so kalt der Menschenstrom.

Ein Kuss von dir, wie frischer Tau

auf frühem Gras, so blutig rein

wie Leben in Geburt.

Geh nicht fort, geleite mich zum nächsten Tor.
Gehst du schon?

Dann will ich sterben, im Reich der Vergessenen, im
Reich der ewigen Toten.

WAS ZU WISSEN DU GEDENKST

Verschwommene Bilder, erzählen das was einmal
war und doch jetzt ist, wieder, immer wieder
kehrend sehe ich was jetzt in diesem Augenblick
geschieht und doch stumm den Bildern folgend sich
ergibt, aus Wahrheit, Torheit und Zynismus.

Warst du es nicht, der mich ermahnte, vergessen
ließ was Liebe ist und was heute noch so stumm, so
unreal in meinem Geiste ist?

Geben was genommen wurde, träumen werd ich immerfort, hab Liebe und Güte in einem verschenkt, an dich und noch viel mehr –

bedeutet es was Liebe einmal war und nie ist und sein wird.

Rosen welken und Häuser fallen, Seelen die zu einem Schmerze verschmelzt leben ob hier, ob dort und nirgendwo.

Ist das was meine Liebe zählt Torheit, Dummheit? Glanzvoll erleuchtete Phasen die reiner als was du zu denken vermagst leuchten, wenn du nichts weißt, woher wissen was du fühlst.

Frag nicht was Liebe ist, ein Fluss, ein Engel, beides stirbt,

beides währt nicht ewig und doch,

ob meine Liebe nun Torheit oder nicht,

meine Seele nun bestimmt.

EISIGER MORGEN

Eisig senkt sich der Morgen nieder -

du schläfst noch, träumst von Engeln.

Willst die Vergangenheit wegschlafen und nur von

einem schönen Morgen träumen.

Doch jedes Mal, wenn du dich schlafen legst, in

einer kalten Nacht,

kommen Fetzen deines Lebens in deinem Traum

geschlichen -

und du erwachst an einem eisigen Morgen.

SCHIZOPHRENIE

Die Schizophrenie der Welt zeigt sich

schon allein darin,

das jeder auf der Suche nach sich selbst nur damit

beschäftigt ist,

anderen zu gefallen und zu kritisieren.

Der Widerspruch aber liegt im Menschen selbst.

Denn nur er kann die eigene Kritik nicht verkraften

und geht an seinem Spiegelbild zugrunde.

DAS PIANO

Das Piano -

schwarze Blüten auf den

hellen weißen Ton der Musik.

Stumm schreien Noten

in den Ecken des Vergessens.

KLINGE

"... und wäre die Klinge des Todes auf mich

gerichtet,

so würde ich dennoch lächeln.

Aus Angst sie würde mich nicht treffen."

HERKUNFT DER SEELEN

Die wahre Herkunft unserer Seelen

erkennen wir erst dann,

wenn wir nach endlos langen Wegen

nach Hause kehren.

Und erst dort wirst du wissen,

welchem Zweck dein Leben gedient hatte

und wo der Sitz deiner Seele war.

STRAßE DER SUCHE

Stumme Schreie in den morgendlichen Sturm,

angstvolle Augen suchen das Hoffen in engen

Gassen.

Eine schmale Straße führt zu deinem Glück, findest

sie nicht, erkennst sie nicht -

zu klein, zu klein.

In Sünde lebst du, wenn du gar nicht lebst und so

führt dich dein Lachen in eine künstlich

erschaffene Welt.

Bist verdorben wurden, von all den Gesetzen, bist

ein Niemand im Fluss des Vergessens.

Wo ist dein Ich, dein Ego, das dich einst führte?

Wo ist dein Herz, auf dem du immer geschworen

hast?

Mit selbstmörderischen Blick findest du nichts an

den Ufern der Vernunft.

Bist verloren in einer vergessenen Welt,

abgeschnitten von dir selbst.

Kannst nicht weinen, niemals mehr eine Träne nach

deinem Leben wegwischen.

Der Sturm zieht auf und treibt dir künstlich

erschaffene Tränen in deine zugekniffenen Augen.

Bist verbittert, deine Gram senkt sich auf deine

Seele nieder.

Vorbei, es ist vorbei, all die Szenen des Flusses,

all das Suchen der Ufern.

Ein Steg führt ins Reich der toten Seelen

und mit langsamen Schritt gehst du

vorsichtig hinüber, mit nichts mehr als

Tod in deinen Gedanken.

FERNAB

Dem Tode geweiht - irgendwann senken sich die
Lider und mit Schmerzen
im Auge siehst du, das du dein Leben fernab von
dem gelebt hast was du wolltest.

DIE REGELN

Selbst wenn du befreit wärest von den Zwängen des
Lebens,
wärst du doch schon tot, weil du ohne die Regeln
der Liebe nicht leben kannst.

WO KOMMT ES?

Das kleine Gesicht gen Himmel,

kalt, noch kälter der Nebel.

Fasst sie an der Hand eine Gestalt,

zieht sie mit sich - ins Dunkle.

Laternen, kalter Stahl -

Licht, das sich in die Nacht rein brennt.

Wie ein in Nässe getauchtes Tuch taucht der

Schleier auf, umhüllt sie, nimmt sie ganz.

Weiß nicht, wohin es geht, hat nur Angst.

Ein Bahnhof, ohne Menschen, ohne Leben - so

allein.

Ein Bild das Trauer schafft, das Weinen macht.

Bis heute eine Angst vor leeren Bahnhöfen, vor kalten Laternen -
doch, wo kommt es?

GERECHT

"... ich bin nicht zu böse,
um den dunklen Mächten dieser Welt gerecht zu werden."

RAUSCH

Im Rausch der Unwahrheiten und im Nebel der Intrigen,
liege ich in Wolken und blicke voller Demut der Hölle entgegen.

DER TOD

Verzweifelt suchen sie den Tod, sie rufen nach ihm,

ohne Pause, mit Panik - schreiendes Vergessen.

Banges Hoffen auf Leben, gewünschter Hass auf

das Früher.

Leere Augen suchen Horizont ab –

nichts dabei, nichts gefunden.

Zaghaftes Verlangen - vergangen, vergessen.

Stumme Schreie - kein Himmel, Hölle auf Erden.

Verspricht und hält doch nicht ein,

was uns versprochen vom Tod.

Hoffnung wird Sehnsucht,

Hass wird Wut - auf dich den Tod.

Wir wünschen dich jeden Tag und

sehen dich erst am Ende unserer Kräfte.

Wir liegen in Gräbern und hoffen dann auf Leben -

was uns versagt im tödlich verlangenden Sein.

Sichtlich versteinert -

zerfallene Steine, Zeugen des Wünschens.

Wir schreien - wollen raus,

fliehen aus der Trance, die unsere Augen schließt.

Wir vergessen Leben, hoffen auf sichtbare Dinge.

Schweigen doch die Wörter, die uns hätten retten

können.

Was bleibt ist die Erinnerung, nach Sucht des Todes

und wir flehen ihn an: "Bring uns zurück auf die

Schwingen des Lebens."

Wir trinken auf vergangene Zeiten,

einstige Freunde und wissen doch;

der Tod war schneller und hat uns alles genommen.

DIAMANTEN

Diamanten schmücken unser Haupt,

sie erzählen unser Leben, sie zeugen von der Macht.

Aber es ist nicht die Krone,

es sind die Tränen -

die Kinder einer unendlichen Nacht.

HÖFLICHKEIT

Leere Zeiten, ausgebrannte Seiten,

neue Leiden, Unstimmigkeiten, Traurigkeiten –

Höflichkeiten für den Tod.

MEINE NACHT

Es ist noch hell draußen, doch meine Nacht ist

schon in mir.

Und als ob die Welt sich nicht schon

langsam genug drehen würde –

bleibt sie, bleibt sie und hält sich an mir fest.

ICH BIN

Denn ich bin das Böse!

Hasse Menschen, Liebe, Nähe, Lachen -

all das Gute macht mich krank.

Die Nacht ist mein, lebe sie, liebe sie.

Den Tag, vergiss ihn - eine Farce.

Gott, wer bist du? Für mich gibt es keinen Gott...

Verrat an Menschen - das Spiel mit der Trauer,

mache Menschen traurig - liebe es.

Das Spiel mit der Liebe, mache Liebende sterbend

-

liebe es.

Bin kein Gott, bin kein Dämon,

doch die Welt macht ihre eigene Ungeheuer

und ich mittendrin.

DAS GLÜCK

Lebst in einer toten Welt,

die du dir selbst geschaffen hast.

Falsche Entscheidung!

Gehst an ein Haus vorbei, Ruine, dein Leben.

Gehst weiter und weiter und an jeder Kurve

siehst du noch mehr Elend und noch mehr

Scheiße die du gebaut hast.

Kannst nicht zurück, weil die Straßen zerfallen.

Am Ende siehst du ein kleines Mädchen, es lacht

dich an.

Es ist das Glück auf das du hoffst.

Doch du kannst lange warten bis es dich anspricht

-

denn es darf mit Fremden nicht reden.

DER WILLE

Es gibt kein Nachgeben in dieser Welt,

man beugt sich nur der Willen anderer.

SINN DES LEBENS

Der Sinn des Lebens besteht darin,

den Sinn überhaupt erst einmal zu finden.

Und ist er dann gefunden,

so stellt man ihn erst recht in Frage,

weil er keinen Urgrund besitzt.

WOZU?

Wozu noch kämpfen,

wenn hinter dem ungewissen Sieg

doch nichts steht?

Wozu noch laufen, wenn das unbekannte

Ziel noch nicht zu sehen ist.

Wozu das alles?

Kann ich nicht einfach stehen bleiben

und stumm sein? - Für immer?

DAS GEDICHT

In tausend Bücher schlug ich nach,

noch mal so viele Seiten durchstöberte ich.

Doch ich fand kein Gedicht,

das so traurig ist wie mein Leben.